LE

BOURGEOIS D'OBERSTRASS.

IMPRIMERIE DE GUIRAUDET ET JOUAUST,
RUE SAINT-HONORÉ , 315.

LE BOURGEOIS

D'OBERSTRASS

OU

UN PETIT MOT

A L'OCCASION

D'UN GRAND DESSEIN.

PAR Q. ROTTIGNI.

Pro tempore paganus aut princeps.

PARIS,

CEHZ LEDOYEN, LIBRAIRE,

PALAIS-ROYAL,

GALERIE D'ORLÉANS, 31.

1838

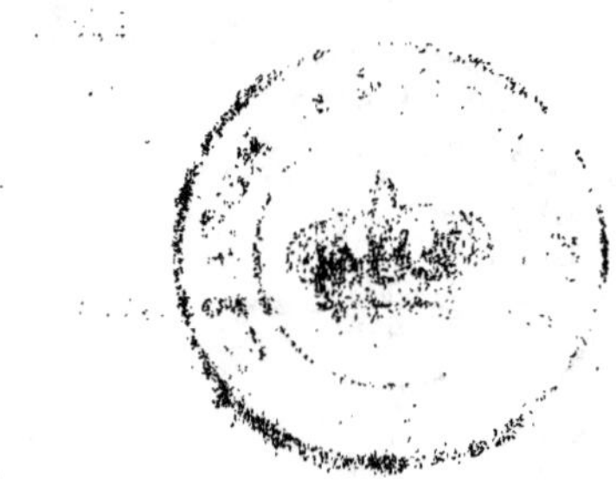

LE
BOURGEOIS D'OBERSTRASS

✦

Pro tempore paganus aut princeps.

L'attentat de Strasbourg était quasi oublié en France,
où tout ce qui est mesquin, ridicule, trouve peu de re-
tentissement. Le prince, que son nom avait protégé contre la juste rigueur des lois, était allé porter au delà de
l'Atlantique ses projets aventureux, et rien ne faisait
prévoir son prochain retour, quand la soudaine appréhen-
sion de la mort d'une mère rompt tout à coup son ban,
et le ramène sur le sol hospitalier dont il avait naguère
franchi les limites pour étonner l'Europe par la har-
diesse ou plutôt par l'extravagance de son entreprise.
On devait croire que, désabusé, sinon repentant, le *bourgeois* d'Oberstrass songerait à tout autre chose qu'à ser-
vir encore de pivot à de nouvelles intrigues; qu'après
avoir échoué, Catilina au petit pied, dans le dessein
d'allumer la guerre civile en France, aucun écho ne
viendrait répéter de séditieuses, d'imprudentes paroles,
sous le couvert d'un écrit mensonger, absurde d'un

1

bout à l'autre ; mais *l'insuccès* a-t-il jamais corrigé les hommes ? Écoutez les conspirateurs de tout état, de tout âge : leurs mesures étaient si bien prises ; ils comptaient de nombreux partisans dans l'armée, dans le peuple ; c'était à qui leur tendrait les bras pour *recréer la majesté du pouvoir ;* et voilà que la *fatalité prononce ! le prince* et ses complices sont *conduits à la prison Neuve ;* dénoûment prévu, immanquable, contre lequel on se courrouce, s'indigne, parce qu'il est dur de subir l'humiliation d'une défaite, et qu'en pareil cas

Le plus impertinent n'a jamais dit : *J'ai tort.*

Nous le demandons aux esprits les plus bénévoles, comment douter de la participation de M. Louis Napoléon à de nouvelles manœuvres qualifiées par lui de droit de défense donné à un ami ; le lieutenant Laity (1). Cette *Relation historique des événements du* 30 *octobre* 1836 ne glorifie-t-elle pas la rébellion de Strasbourg ? N'y prêche-t-on pas sans détour la guerre civile, le renversement de la dynastie ? N'y montre-t-on pas la France toute prête à s'insurger pour le premier aventurier qui évoquera sur ses frontières le nom de Napoléon ? Cette brochure incendiaire, le prince ne l'a-t-il pas avouée, approuvée dans tout son contenu ? Or, quel gouvernement, poussât-t-il même la mansuétude plus loin que le nôtre, resterait muet, impassible, en présence de tant

(1) Lettre du prince, du 20 août dernier, adressée aux membres du grand conseil de Thurgovie.

d'audace et de présomption., devant des témoignages si évidents de la plus insigne félonie? Il n'y a donc que l'exil, ou, en d'autres termes, un bon arrêt d'expulsion, qui puisse mettre un frein aux extravagantes illusions d'un jeune homme enivré d'un nom et d'une gloire qu'il n'est pas appelé à ressusciter. Autres temps, autres soins. On sait trop aujourd'hui ce que coûte de larmes et de sang l'ardeur d'envahir, de s'étendre au delà des bornes assignées à tout état par la nature ou par une longue possession.

Nous savons bien que, dans le procès qui se plaide en ce moment entre la France et la Suisse, l'esprit de parti n'a pas manqué à sa mission, celle de déplacer la question ou de la défigurer, de manière à jeter du trouble, de l'incertitude dans le jugement qu'elle provoque. Nous croyons donc faire acte de patriotisme en venant combattre le prince avec ses propres armes, en opposant à ses téméraires assertions le langage de la vérité, si étrangement dénaturée dans la *Relation historique des événements du* 30 *octobre* 1836.

Le premier exploit qui ait révélé à l'Europe un homme capable de grandes choses en la personne du prince Louis, c'est l'*échauffourée* italienne de 1831, dont l'*échauffourée* de Strasbourg devait être le pendant. *Les vicissitudes humaines ont de tristes enseignements ;* ce n'est point nous qui disons cela, c'est l'auteur de la brochure, ce qui n'empêcha pas le prince, cinq ans plus tard, de se remettre en besogne de conspiration. Du reste, on connaît l'issue de cette insurrection de l'Italie, où, comme ailleurs, les grands mots de *patrie* et de *liberté* ont perdu leur prestige depuis que les agitateurs en ont détourné le sens, la véritable signification.

C'est après l'*insuccès* d'une pareille entreprise, le triste exemple d'un frère mort à la peine pour l'avoir voulu conduire à son but, que le prince rêvait un dessein bien plus vaste, qu'il pensait à devenir pour la France le messie de la race napoléonienne, son plus digne héritier; en un mot,

> D'un empereur fameux
> Le plus grand des neveux,

ayant *les épaules assez larges pour soutenir le poids de vingt ans de malheurs, et le fardeau, bien plus lourd encore, d'un avenir qu'il lui fallait conquérir, pied à pied, par son mérite et son courage.*

Donc, pour une semblable tâche, il ne fallait pas moins que des efforts surhumains... Le prince se fit auteur. C'était là, selon lui, *le moyen de poursuivre son idée de prédilection, la résurrection du parti napoléonien;* et, à cet effet, il se mit à écrire sur l'acte de médiation donné en 1804 à la Suisse par Napoléon. Dans cet étrange et long circuit pour arriver à ses fins, le prince avance des faits, des opinions à peine soutenables, si ce n'était pas un jeune homme qui parlât. Croirat-on, par exemple, que Napoléon, loin de vouloir consolider en Europe l'œuvre de sa politique, de sa législation, ne la regardait, au contraire, que comme *provisoire,* que comme une pierre d'attente pour de plus vastes combinaisons, un plus heureux avenir. Bref, un beau jour il eût détrôné lui-même ses frères, qu'il n'avait faits *rois que pour qu'on crût à la stabilité* (des empires apparemment), *et qu'on n'accusât pas son ambition.* Que dites-vous d'un semblable projet? Pensez-vous qu'on vous ait là révélé toute la pensée de l'homme qui se vantait tout haut que dans dix ans sa dynastie serait la plus ancienne de l'Europe?

Quelques lignes plus loin, toujours prêtant ses rêveries à son oncle, le prince nous apprend que, si Napoléon plaça ses frères sur des trônes, c'est *parce qu'eux seuls pouvaient concilier l'idée d'un changement avec l'apparence de l'inamovibilité, parce qu'eux seuls pouvaient être soumis à sa volonté, quoique rois.* C'est sans doute pour cela que *le roi* Joachim Murat et *le roi* Louis Napoléon se montrèrent si *soumis,* que l'un fit la guerre à son beau-frère, et que l'autre aima mieux rentrer dans la vie privée que d'obéir aux injonctions tant soit peu tyranniques de son frère.

L'histoire, remarque à ce sujet M. Louis Napoléon, *nous offre rarement un aussi bel exemple de désintéressement et de loyauté!* Mais, dirons-nous au prince, *ce bel exemple,* qui vous garantit qu'un autre frère de Napoléon eût voulu le donner; que, se sentant fort de l'appui de ses peuples, il eût consenti à n'être que le vassal de l'empereur, quand il pouvait marcher de pair avec lui? Que Napoléon, tant qu'il fut puissant, ait, à son gré, fait et défait des rois, rien de plus concluant pour les temps où il vécut; mais il est douteux, et les événements subséquents l'ont prouvé, qu'on demeure à ce point l'arbitre des destinées de ses créatures, qu'elles ne soient plus dans nos mains que d'obéissants automates.

Et *quand devait arriver le terme de cet état provisoire de l'Europe? A la paix avec la Russie, et à l'abaissement du système anglais. Si Napoléon eût été vainqueur, on aurait vu le duché de Varsovie se changer en nationalité polonaise, la Westphalie se changer en nationalité allemande, la vice-royauté d'Italie se changer en nationalité italienne. En France, un régime libéral (libéral, vous l'entendez, nous citons textuellement) eût remplacé le régime dictatorial; partout stabilité, liberté, indépendance, au lieu de nationalités incomplètes et d'institutions transitoires.*

Eh bien! qu'en dites-vous, ces métamorphoses ne vous semblent-elles pas au moins aussi extraordinaires que celles d'Ovide? Vous qui connaissez comme nous Napoléon *intùs et in cute*, le voyez-vous, maître du monde, et, un beau matin, venant à résipiscence, défaire l'ouvrage de ses mains, en rendant la liberté à tous les peuples, car la nationalité n'est pas autre chose? Voyez-vous cet homme, qui *étouffait* en France, disait-il, avant que Moscou le vît dater de cette capitale un règlement pour les théâtres; voyez-vous l'aigle rentrer dans l'aire où il se trouvait si à l'étroit?... Si cette miraculeuse conversion trouvait des dupes, nous leur rappellerions ce mot de Corvisart, dans les cent jours, à quelqu'un qui pleurait de tendresse en trouvant Napoléon *changé* au point d'être *redevenu* républicain comme Carnot, et constitutionnel comme Benjamin Constant, auxquels, assurait-on, il s'était livré corps et âme. « Imbécile, répondit brutalement Corvisart à celui qui débitait un tel conte, qui crois qu'un homme peut *marcher contre sa nature!* » Et là dessus le docteur de s'éloigner, en grommelant avec un mouvement d'épaules très significatif.

Voilà le roman politique qui, en 1833, fut mentionné

comme un *ouvrage remarquable* dans une des séances de la diète helvétique, et, quelque temps après, valut au prince le droit de bourgeoisie. A celui-ci un titre tout à la fois honorable et honorifique, en échange d'une brochure!.. Les petits cadeaux entretiennent l'amitié; c'est ce qui fait qu'elle est si vive, si ardente, si belliqueuse, entre le prince et les démocrates du canton de Thurgovie.

Comme il n'y a que le premier pas qui coûte, le prince, *deux ans plus tard, fit paraître un Manuel d'artillerie, dont tous les journaux militaires ont fait l'éloge.* Pour un prince qui rêvait en grand la monarchie, c'était en effet être là sur son terrain : on sait que le canon est l'*ultima regum ratio...* Seulement M. Louis Bonaparte anticipait sur l'époque de son intronisation ; mais, comme dit Figaro, il n'est pas nécessaire de tenir les choses pour en parler.

Plus nous avançons dans l'examen des motifs auxquels s'est confié l'hôte d'Arenenberg pour ressusciter en sa personne la dynastie impériale, et plus nous avons lieu de déplorer que leur insuffisance n'ait point frappé, sinon celui qui appuyait sur de tels motifs la fragilité de ses desseins, au moins ceux devant lesquels il en faisait parade avec tant de complaisance, se regardant déjà comme assuré du succès. Jamais on ne montra tant d'ignorance des hommes et des temps. A quel ordre d'idées, si ce n'est chez un visionnaire de trente ans, peut appartenir la conviction qu'aujourd'hui « les opinions les plus extrêmes, quoique dans des intérêts contraires, s'entendent toutes sur le principe fondamental de la souveraineté nationale? » Oui, sans doute, elles s'entendent, ou du moins elles feignent de s'entendre, mais pour agir contre l'ennemi commun. C'est le gouvernement qu'il s'agit de renverser, et tous les moyens alors sont bons : aussi est-ce un spectacle touchant, édifiant, de voir *la Gazette* dite *de France* et *la Quotidienne* coiffer le bonnet rouge, et tendre la main aux frères et amis ; et voilà pourquoi le prince, dont cet accord sert merveilleusement les projets, s'applaudit que « *l'appel au peuple* des républicains, *la réforme électorale* de l'opposition parlementaire, *le vote universel* des royalistes, soient devenus le symbole de *foi* commun à tous les partis. »

Nous venons de dire que tous ces gens-là n'étaient unis que pendant le combat : une fois vainqueurs, la division serait bientôt dans leur camp. *L'appel au peuple* des premiers, *la réforme électorale* des seconds, ne sont au fond qu'une seule et même chose, un leurre, un appât jeté aux appétits de tous ceux qui convoitent les places, les richesses, et Dieu sait dans quel but ! On caresse ainsi les passions de la multitude ; c'est la guerre des pauvres et des riches que l'on espère rallumer. Et quel plus sûr moyen, en effet, que d'appeler, sans distinction de rang, d'état, de fortune, tout le monde à nommer, à choisir les représentants du peuple !... N'avons-nous pas eu, grâce à ce merveilleux expédient, les beaux jours d'Athènes et de Rome en 92 et 93 ?... Fi donc ! s'écrient les frères et amis, ce ne sera plus la même chose !... Vous, bonnes gens, qui croyez cela, vous courez aux tribunaux où l'on prononce sur les faits et gestes des membres d'une *Société des droits de l'homme*, et vous trouvez à chaque page des statuts les saints noms de Marat et de Robespierre invoqués comme patrons de la société !... En sortant de là, vous lisez sous le premier porche venu les journaux des *trois* couleurs susdites, et les mêmes paroles sacramentelles viennent vous prouver qu'il n'y a rien de changé que les dates aux doctrines des agitateurs : c'est entre eux à la vie et à la mort.

Et les légitimistes !... Avez-vous jamais pensé que ces hommes si purs, si fidèles à la religion des souvenirs, ces dévots de cœur... pour la dynastie déchue, dont l'œil se tourne avec tant d'amour, de regret, vers l'antique cité de Prague ; pensez-vous, disons-nous, qu'ils fussent bien friands du *vote universel*, si un miracle comme il ne s'en fait plus ramenait dans Paris leur monarchie décrépite ? Non, vous ne le croyez pas ; personne ne le croit, à moins d'être stupide. Il faut à ces gens-là le droit divin, moins la charte ; le régime des ordonnances du feu roi, moins le rejet qu'en ont fait les prolétaires : car l'état, c'est moi, dit chaque légitimiste, comme Louis XIV ; enfin, il ne leur faut qu'une seule croyance politique et religieuse, si l'on ne veut que l'abomination de la désolation soit dans l'état. Malheureusement tout cela est bien loin de nous depuis huit années ; mais pour ramener ce bon temps, de quoi la fidélité, la loyauté des légitimistes, ne sont-elles point capables ? Aussi les voit-on, ces hommes si propres, si parés, si coquets, coiffés à l'oiseau royal, sentant l'ambre et le musc, les doigts chargés de bagues, fraterniser sans répugnance aucune avec les successeurs de Marat, de Danton, de Fouquier-Tinville, de Couthon, de Saint-Just, calotte rouge en tête, imitation du fameux bonnet, d'où s'échappent les cheveux tombant sur les épaules ou partagés sur le sinciput, avec barbe au menton, à l'instar des vilains du moyen-âge. Et le mot d'ordre des premiers aux seconds est celui-ci : A vous les sympathies des prolétaires, si vous leur prêchez l'égalité, le nivellement des fortunes et des *capacités*; à nous l'appui des absolutistes de tous les rangs, s'ils nous voient aidés, soutenus par des auxiliaires tels que vous! C'est, comme on voit, un jeu où chacun triche sous le triple masque du républicanisme, de l'opposition parlementaire et du carlisme.

Du reste, si tous les légitimistes n'ont pas apostasié, il ne tient pas à Louis Napoléon que notre incrédulité à cet égard ne soit fortement ébranlée. Il est vrai que l'illustre écrivain, que le prince a rencontré en Suisse, ne le regarde que comme un pis-aller; M. de Ch., en désespoir de cause, veut bien que Louis Bonaparte vaille mieux que rien, ou à peu près, comme le soliveau de la fable. «Si Dieu, a-t-il mandé au prince, dans ses impénétrables desseins, avait rejeté la race de Saint-Louis; si notre patrie devait revenir sur une élection qu'elle n'a pas sanctionnée (M. de Ch. est meilleur casuiste que le pape), et si ses mœurs ne lui rendaient pas l'état républicain possible, alors, prince, il n'y a pas de nom qui aille mieux à la gloire de la France que le vôtre. »

Avec ces restrictions tant soit peu jésuitiques, n'en déplaise à M. de Ch., il n'est personne qui sache lire et ait fait une brochure qui ne puisse espérer d'être un jour roi de France.

Heureusement chez nous on n'attache pas une grande importance aux sympathies politiques de l'auteur d'*Atala*. Ce n'est tout au plus que de la singularité, pour ne pas lui donner son véritable nom, que cette constante glorification des tristes restes de la branche aînée de nos rois, et particulièrement de madame Lucchesi-Palli, dont il lui plaît de faire une autre Jeanne-d'Arc, comme si ce n'était pas assez des blasphèmes voltairiens envers la noble fille de Domremy !... Ah ! que Napoléon ne peut-il revivre un instant pour répéter encore ce qu'il disait à propos des doctrines de l'écrivain : « Faites des *Martyrs*, M. de Ch., faites des *Martyrs*, et ne vous mêlez pas de politique ! » Et Napoléon connaissait bien son monde.

Nous laisserons à la charge de Louis Napoléon l'apostasie réelle ou prétendue du noble vicomte : ce sont de ces *lapsus linguæ* qui ne tirent pas à conséquence, et nous souhaitons que l'histoire ne les considère pas du même œil que nous ; mais quant à Lafayette, il ne nous est pas aussi indifférent que ce grand, que ce beau nom arrive à la postérité avec la souillure que lui imprime le mensonge de M. Louis Bonaparte. Parce qu'il s'est fait démagogue, factieux, ce prince se croit en droit de jeter de la boue au seul homme pour qui la liberté n'était que la consécration de l'ordre, de la sécurité de tous, et du respect aux lois. Quand nous disons le seul homme, nous pensons bien qu'il en est deux, mais un nom de plus ne fait rien à l'affaire. Elle n'est pas d'ailleurs nouvelle la tactique qui consiste à s'approprier la parole qui tombe d'une bouche toujours d'accord avec les actes ; l'on rehausse ainsi l'éclat, la sainteté de sa cause ; c'est du plus bel exemple pour les dupes, pour les cœurs si candidement ouverts à la crédulité... Or, l'on sait qu'en haine des principes du général, principes si différents des leurs, comme nous l'avons dit plus haut, les factieux ont supposé, propagé avec une perfide adresse, que, reniant l'œuvre de juillet et l'amitié qui l'avait en quelque sorte cimentée, Lafayette, retiré à distance, disait à tout propos *qu'il s'était trompé.* Sans doute, un loyal démenti à cette imputation eût satisfait tous les amis du général; mais alors, les esprits les plus droits étaient sous l'influence d'une illusion généreuse; l'héroïque effort de juillet semblait promettre, en la sanctifiant, l'émancipation des peuples, et en particulier d'une nation ramenée sous le joug de ses oppresseurs. Il y avait là une question immense, celle de la popularité : la risquer, c'était la perdre, surtout alors qu'elle penchait vers un parti qui l'exploitait avec une certaine habileté. Était-ce au déclin de l'âge que Lafayette eût consenti à se dépouiller de cette auréole de gloire, lui lié par tous les actes de sa vie au parti de la démocratie, le rêve de sa jeunesse, le but constant de ses travaux, mais comme il la voulait, dégagée de tout alliage impur. Ah! c'est que les fauteurs de troubles et de désordres lui avaient adroitement dissimulé leurs desseins. S'ils avaient, comme tous les Français loyaux et sincères, battu des mains à Lafayette quand il disait : « Voici qui vaut mieux que la meilleure des républiques, » c'est que pour eux une monarchie constitutionnelle et du choix du peuple frayait, dans leurs combinaisons, une voie large et hardie aux idées républicaines. C'était l'enivrement de 89 dont on espérait tirer le même parti, en creusant un abyme sous les pas de celui qu'on voulait déborder, pour jeter dans l'Europe le brandon d'une propagande armée au nom de la liberté et de l'égalité.

Dans ce conflit, selon la prévision des conspirateurs, la royauté périssait pour faire place aux sanglantes saturnales de 93 ; les peuples se ruaient les uns sur les autres, jusqu'à ce que, de guerre lasse, il surgît un homme qui ressuscitât le despotisme, toujours si doux, si rationnel après les excès révolutionnaires. Ouvrez l'histoire : Sylla, César, Octave, Napoléon, ont suivi le même chemin, obéi à la même impulsion ; ce sont de ces météores dont le retour est invariablement fixé. Le monde moral a les mêmes lois que le monde physique.

Les démagogues, vaincus et muselés, n'ont point tardé à faire entendre les rugissements de la haine et de la fureur. Lafayette encore vivant était déjà l'objet de leurs grossières invectives ; ils ne les suspendirent pas même sur sa tombe. Lui mort, les plus exaltés d'entre eux illuminèrent, en réjouissance de cette perte, les fenêtres de la prison où les avait conduits leur folle témérité. Relisez le *Journal de Paris* (mai 1824), où ils écrivaient « qu'ils n'avaient jamais vu dans Lafayette qu'*un ennemi du peuple, un représentant de l'aristocratie bourgeoise, et une déplorable entrave à la réforme sociale,* » et jugez de tels hommes par de tels blasphèmes. Mais que d'obscurs démagogues s'efforcent, dans leur délire sacrilège, d'insulter au nom de Lafayette, ce nom n'en rappellera pas moins au souvenir de tous les gens de bien l'un des plus beaux caractères des temps modernes.

Nous avons fait toucher du doigt l'impossibilité d'associer les vues, les intentions de Lafayette à celles des meneurs de 93 et de 1830 ; néanmoins, il serait plus facile de les concilier que de supposer que le général

eut un instant la pensée de relever la dynastie napoléonienne. C'est pourtant un semblable dessein qu'ose
prêter Louis Napoléon à l'homme le plus antipathique
au despotisme, qui le *premier*, comme le rapporte très
exactement le prince, *éleva la voix en 1815 pour renverser le héros malheureux*. Certes, si le général, en
1815, ne voulut de Napoléon pas plus qu'il ne voulut
de Charles X après le 28 juillet 1830, il n'eût pas été
moins dérisoire d'aller chercher Napoléon II en 1833. Il,
le croyait, dit son cousin, *prisonnier à Vienne ! et il
engagea fortement Napoléon Louis à saisir la première
occasion favorable de revenir en France*, prétextant ri-
diculement que *son nom* était *le seul populaire*, et il lui
*promit de l'aider de tous ses moyens lorsque le moment
serait arrivé !*

En vérité, l'idée de faire de Lafayette un napoléoniste
renforcé ne pouvait tomber que dans la plus folle des
cervelles. M. Louis Napoléon aurait grand besoin, on
le voit, d'une *forte dose* d'ellébore; nous ne savons pas
même

.... An Anticyram ratio *illi* destinet omnem.

M. Louis Napoléon, qui sait que *les morts ne revien-
nent point*, comme l'a dit un des plus fameux révolutionnaires, exhume, après Lafayette, le républicain
Carrel, à qui il suppose au moins cette fois des opinions
plus logiques. Feu Carrel répondit donc à l'un des amis
du prince, qui s'adressait à lui pour préparer les voies à
une restauration impériale : « Le parti républicain (en

France) est miné par deux causes qui paralyseront *long-temps* ses efforts (heureusement) : la première est ja faute commise par une *jeunesse imprudente* en exhumant les souvenirs d'une *époque* dont la *moralité politique* ne peut être appréciée par la foule ; la seconde , et la plus grande , c'est *le manque d'un chef*, et l'impossibilité d'en improviser un dans *les circonstances présentes.* »

Voilà du moins un aveu rassurant. Si en 1835 le parti républicain ne pouvait avoir un chef, à plus forte raison n'en *improviserait-il* pas un aujourd'hui, où il semble expirer de fatigue et d'impuissance , où toutes les ordonnances des Purgons radicaux ne le sauveraient pas, Dieu merci.

Un aveu plus naïf d'un des coryphées du parti c'est la révélation de la faute commise par une jeunesse imprudente qui n'a pas senti toute *la moralité politique* de l'époque de 92 et 93. Le mot *époque* ne veut pas désigner autre chose que les 3e et 4e années de l'ère républicaine. On reconnaît ici la marotte des continuateurs du système de Robespierre, de ce législateur à coups de hache, lequel, un beau matin, si thermidor n'avait mis fin à ses faits et gestes, eût probablement aboli la guillotine , ouvert les prisons, et serait, comme Sylla, rentré dans la vie privée. C'est là, malheureusement, avoir l'idée la plus fausse des allures d'un tyran , et nous ne voulons pas, par égard pour les morts, scruter l'intention qui affecte ainsi de prendre le change, et tente de le faire prendre aux autres. On a beau prétendre faire de l'école de Robespierre et de Marat une sorte de franc-maçonnerie inconnue aux profanes, pour en tirer la quintessence de doctrines réformatrices, libérales, lesquelles, plus tard, doivent porter leurs fruits, ce piége grossier ne séduira personne ; le procès de Robespierre, malgré une assertion contraire, est jugé ; la postérité sait à quoi s'en tenir sur ce monstre à visage humain. Il n'y avait en lui, comme chez ses sectaires, qu'un instinct de destruction, de nivellement sans but, sans portée ; son œuvre infernale avait si peu de racines sur le sol où il vivait au jour le jour, les pieds dans le sang, qu'il est tombé avec elle au premier élan d'une indignation généreuse ; des mille ressources qu'il restait au dictateur pour écraser son adversaire, pas une ne s'offrit à sa pensée, pas même celle d'échapper à l'échafaud par le suicide, ou du moins en payant de sa personne à la tête de ses *amis*. Que les républicains soient à genoux, tant qu'ils le croiront utile à leurs desseins, devant cette monstrueuse idole ; qu'ils préconisent en lui le Lycurgue promis à nos neveux ; cette ardeur de prosélytisme, de réhabilitation, ne fera pas fortune en France, où chaque chose est appelée par son nom, où chacun répète depuis quarante-quatre ans ce vers imité de Boileau :

J'appelle un chat un chat, *et Robespierre un tigre.*

A. Carrel ne voulut pas être, à défaut de Lafayette, le chef *improvisé* du parti ; sa modestie ne se crut pas digne de remplacer le héros des deux mondes. Il ajouta d'ailleurs : « Quand je ne puis parvenir à rallier un parti, » comment me serait-il possible de les rallier tous ? »

La tâche était forte, nous l'avouerons sans peine :

tout le monde n'a pas, comme M. Louis Napoléon, *les épaules assez larges pour soutenir le poids* de la responsabilité d'un chef de parti obligé d'être, selon le vent qui souffle, de toutes les religions politiques : tantôt républicain, tantôt carliste, robespierriste, ou napoléoniste, à l'enseigne des trois couronnes, celles du père, du fils, et du cousin.

Du reste, ce qui prouve que M. Louis Bonaparte n'est guère inventif dans ses mensonges, c'est qu'à l'instar de la réponse de l'auteur des *Martyrs*, le *si* conditionnel est la péroraison de la réponse de feu Carrel au prince : « Si ce jeune homme sait comprendre les nouveaux intérêts de la France ; s'il sait oublier ses droits de légitimité impériale, pour ne se rappeler que la souveraineté du peuple, il peut être appelé à jouer un grand rôle. » Nous le répétons, avec ce mode d'argumentation, il n'est personne qui ne soit apte à devenir un grand guerrier, un grand écrivain, un grand législateur. Malheureusement pour lui, on peut renvoyer à M. Louis Napoléon un mot fort heureux de Napoléon-le-Grand sur des souverains qui ne le sont plus : « Il n'y a qu'*un* » *homme* dans la famille. »

Qui pourrait douter que M. Louis Bonaparte ne crût être cet homme, tant il est modeste, lorsque, parlant de l'attitude de l'Europe à l'avènement d'un Napoléon, il pense *que la guerre n'aurait pas été imminente ;* mais le contraire saute aux yeux ; il faut être ou bien présomptueux ou bien ignorant en politique pour avancer une semblable opinion. Le système d'un homme lui survit ; il le transmet, pour ainsi dire, avec le sang à ses héritiers ; le nom de Napoléon, tout le monde en tombe d'accord, est inséparable de l'idée de guerre et de conquêtes : il est donc faux, absurde de tout point, de prétendre que plusieurs cours se seraient ralliées plus facilement à un Napoléon, à un gouvernement fort parce qu'il eût été *populaire*, qu'à toute autre combinaison politique. Sans doute un gouvernement fort peut et doit à la longue devenir populaire, mais sous d'autres conditions que de placer la *force* uniquement dans l'armée ; or, telle était la *force* de Napoléon. Dès que cette armée a été vaincue, son chef est tombé, parce qu'il n'était pas appuyé sur les sympathies populaires. C'est encore une erreur évidente que *la cause impériale pût être pour l'Europe l'emblème d'un pouvoir légitime* : des vainqueurs ne reconnaissent pas, ne reconnaîtront jamais celui qu'ils ont abattu, et encore moins celui qui relève son drapeau ; des affronts inouïs, la honte de défaites prolongées, l'arrogance du vainqueur, les inimitiés, les haines qu'elle enfante, l'impatience de se venger, tous ces faits sont encore trop récents pour que les peuples et les rois les aient oubliés. Napoléon, quoi qu'on en dise, n'a été trahi que par la fortune ; il n'y a eu qu'une seule *défection*, celle de la France entière. On s'aperçut bientôt qu'il n'était si miraculeusement revenu de l'exil que pour reprendre en sous-œuvre le systéme impérial, et dès lors la nation lui refusa son concours ; il ne lui resta que des soldats : c'est l'histoire de l'empire romain, de tous les empires dont les chefs ne s'entourent que de milices prétoriennes. Or, pour se maintenir au trône, il fallait dompter l'Autriche, la Prusse, l'Angleterre, la Russie ; recouvrer l'Italie, et par conséquent livrer cent combats, avec leurs chances de revers et de succès....

Quel peuple, resté de nouveau sans autres garanties pour ses libertés que les *constitutions de l'empire*, n'eût reculé devant une gigantesque série d'actions meurtrières, avec tous les fléaux qu'elles traînent à leur suite? On ne se met pas ainsi une seconde fois aux gages d'une ambition sans bornes ; on ne déchire pas à plaisir ses entrailles de ses propres mains, en signe d'assentiment à l'acte additionnel, aux listes de proscriptions, aux brusques et violentes apostrophes adressées aux libéraux, aux fédérés ; quand on est tout de par et pour le peuple, il ne faut pas dire à ce même peuple : « L'état, c'est moi, » ou, en d'autres termes équivalents : « Vous avez plus besoin de moi que je n'ai besoin de vous. »

C'est le propre d'une jeunesse ardente, ambitieuse, facilement crédule, enthousiaste, de ne voir partout que des amis dévoués à sa cause, et de s'imaginer que, dès qu'on peut les compter, le succès est certain. Mais c'est alors, au contraire, que la chance est défavorable. Comme dans les batailles, les conspirations sur une grande échelle veulent des partisans aussi nombreux que le sable des mers, surtout de nos jours, où rien ne se divise, ne se fractionne, tous les intérêts, les vœux, les espérances, les besoins, étant arrivés à cet état d'homogénéité qui fait le désespoir des agitateurs. Le pouvoir lui-même s'abrite, contre les factions, du mandat qu'il tient d'une majorité imposante, malgré les assertions contraires de M. Louis Bonaparte. N'est-ce pas alors le comble de la folie que de crier : Ville gagnée ! parce qu'on a *enlevé* un régiment, et qu'on a tiré l'aigle de sa poche ? de s'imaginer que 5000 hommes, le cas échéant, suffisaient pour grossir ce chiffre de 45,000 autres, avec lesquels on arrivait ainsi à Paris *sans coup férir,* sans tenir compte de trois jeunes princes qui se fussent jetés au devant de l'imprudent, pour lui faire payer cher sa témérité, soutenus qu'ils auraient été par la nation entière, moins le petit nombre de Français indignes de ce nom, qu'aurait pu séduire la ridicule tentative de M. Louis Bonaparte.

Or, pour opérer un semblable mouvement, savez-vous ce qu'il fallait? *Réussir à Strasbourg.* Oui, mais l'on n'a pas réussi, et il est dérisoire d'en accuser la fatalité : accusez-en plutôt la faiblesse de vos moyens et l'extravagance de votre plan. Quoi! parce que *vingt-cinq officiers de toutes armes* se sont posés fièrement devant vous comme les *organes* avoués des masses, vous avez cru pouvoir changer de fond en comble l'ordre de choses en France! le peuple et l'armée vous ont paru suffisamment représentés par vingt-cinq hommes! En vérité, on ne croirait pas à tant d'imprévoyance si l'on n'en avait la preuve sous les yeux.

Aussi, dès les premières tentatives d'exécution, voyons-nous l'irrésolution, les tâtonnements présider aux démarches du prince et de ses adhérents. Le pivot sur lequel roulait la grande révolution préparée dans un conciliabule de vingt-cinq personnes, c'était *l'entraînement populaire et l'enthousiasme patriotique du peuple et des soldats réunis;* c'était peu de chose, comme on voit, que cette coopération dont dépendait tout le succès. Pour l'assurer, il eût fallu se révéler du moins aux profanes, devenus alors d'utiles adeptes, des auxiliaires *quand même,* comme on s'en flattait. S'il est un élément actif, indispensable, d'une conspiration, c'est l'identité du chef ; celle du prince était si peu prouvée, qu'il suffit de la nier un instant pour que le petit nombre de ses partisans l'abandonne ; il y a des officiers, des adjudants qui refusent net leur concours aux conjurés ; d'autres s'échappent pour aller rassembler les leurs et s'opposer au mouvement insurrectionnel. Le brave colonel Taillandier ne balance pas. « Ce n'est qu'un aventurier, un imposteur, » s'écrie-t-il en désignant le prince. Un officier d'état-major ajoute que cet aventurier est le neveu du colonel V...... : et soudain l'enthousiasme tombe. « Quelque absurde que soit ce mensonge, rapporte le fondé de pouvoirs de M. Louis Bonaparte, il vole de bouche en bouche, et commence à changer les dispositions du régiment » *enlevé ;* il faut avouer que l'*ivresse* n'était pas grande pour que chaque soldat fût *dégrisé* au premier mot de doute lâché ; n'importe, le prince veut *s'emparer d'un cheval pour dominer la mêlée* (où personne ne combattait), mais on le repousse et on l'emmène. Des rapports dignes de foi parlent d'*épaulettes arrachées,* mais M. L.... a passé ce fait sous silence, se ressouvenant sans doute qu'il avait écrit plus haut que, *deux jours avant son départ d'Arenenberg,* le prince avait dit à l'un de ses partisans : « Je vais me faire tuer, ou bien je ramènerai l'aigle sur nos drapeaux ; » et, en effet, comment croire qu'un homme, nous ne dirons pas un Napoléon, mais même le plus mince caporal, se laisse arracher, sans se faire tuer, les signes distinctifs de son grade !

Le récit de cette échauffourée, sous la plume de l'ami du prince, est divisé en trois points, comme la harangue de Vassé ; *Numero deus impare gaudet ;* le tout assaisonné du *si* conditionnel de rigueur chez tous les avocats de M. Louis Bonaparte. Les bonnes gens disent assez plaisamment qu'avec un *si* on mettrait Paris dans une bouteille; il n'a pas tenu au prince qu'il ne réalisât le prodige. « Dans l'hypothèse d'un *premier* succès, apprend-il aux contemporains et à nos neveux, il se trouvait maître de cent cinquante pièces de canon, sans parler d'un arsenal immense; s'il ne se fût agi que d'une *opération militaire,* dès ce moment la ville entière (Strasbourg) était en son pouvoir. » Voilà, ce nous semble, ce qui prouve que le peuple n'a pris nulle part au mouvement, quoique, plus loin, on avance que, *désespéré de son impuissance,* il *lançait des pierres contre l'infanterie, qui parvint* à dissiper *la foule* en tirant des coups de fusil.

Un fait plus concluant encore de la douteuse identité du prince, c'est ce refus si prompt, si *électrique,* de le reconnaître comme un Napoléon, de la part du même régiment devant lequel, un instant auparavant, M. Louis Napoléon s'était présenté, et avait été salué de ce nom dans une harangue prononcée *d'une voix mâle et fière* par le colonel, harangue à laquelle le prince avait répondu d'une *voix fortement accentuée...* C'était à qui parlerait le plus fort : *Verba et voces, prætereaque nihil.*

Nous retrouvons plus loin l'éternel *si* des conspirateurs désappointés : « Si les proclamations eussent été jetées à profusion dans la ville... Malheureusement, l'officier chargé de les faire imprimer les fit brûler précipitamment, en apprenant le dénoûment de l'affaire. » Et ainsi du reste, où l'on s'attache à dénaturer les faits, les intentions, et jusqu'à la mesure généreuse qui condamnait à l'exil un homme aussi coupable que M. Louis Bonaparte, mesure au sujet de laquelle il accuse le gouvernement de *manque de délicatesse envers lui et les siens*. Les suppositions outrageantes ou calomnieuses ne sont pas même épargnées à une mère qui « était partie d'Arenenberg à la première nouvelle de l'arrestation de son fils, décidée, ose - t - on dire, *s'il le fallait,* pour sauver sa tête, à rallier toutes les sympathies en sa faveur. » Et l'on ajoute encore qu'un ministre « *voulut* la faire partir aussi pour l'Amérique, quoique *souffrante,* sans même lui donner le temps de mettre ordre à ses affaires ; » comme si, de nos jours, on n'avait prouvé en cent occasions que les femmes sont mises en dehors de toute question politique. Ainsi ; mensonge, calomnie, ingratitude, regrets impies, injures, provocations, appel aux passions dans un avenir forcément ajourné, rien ne coûte à l'auteur de l'écrit incendiaire dont il s'agit, pour réhabiliter une cause perdue dont on se dit l'héritier, le héros même après la défaite, avec cette assurance d'un jeune écervelé, ridicule et présomptueux Archimède, qui vient remuer le monde avec le levier d'une opinion représentée par vingt-cinq individus !...

Et voilà justement comme on écrit l'histoire !

Nous retrouvons maintenant le prince tapi dans sa bourgeoisie thurgovienne comme le sanglier dans son fort, bravant la demande d'expulsion si légitimement adressée à la Suisse par la France. Depuis que ces lignes sont écrites la question a fait des progrès ; les journaux d'opposition de Paris et des départements, qui se sont d'abord épris d'une tendresse si vive pour le neveu d'un grand homme, et lui criaient de tenir bon par delà quelques lieues de notre territoire, se sont ravisés en voyant l'attitude du gouvernement : aujourd'hui les voilà presque tous d'accord du *consilium abeundi* ; bien entendu qu'en prenant ce dernier parti leur protégé se donne un air de dignité dans le malheur, d'abnégation sublime : c'est presque Régulus quittant les siens pour *aller se faire tuer….* à Carthage. Nous l'avons dit en quelque endroit de cette brochure, malgré les déclarations|, les avis conformes des députés de Thurgovie, l'*impartialité*, dans le débat, de *la Quotidienne*, de la *Gazette de France*, et des journaux de l'opposition, le renvoi des délibérations des grands conseils au 1er octobre (1), nous n'avons jamais cru à la guerre *pour* et *par* M. Louis Bonaparte, quand même il serait à la tête de ses arquebusiers, cette invincible phalange des Alexandres de l'Helvétie. Les temps sont passés où la querelle d'un homme mettait les royaumes en émoi ; déjà quelques cantons, entre autres celui de Berne, se sont expliqués de manière à ôter à un étranger tout espoir de troubler leur pays, malgré l'à-propoi d'une *naturalité* en l'air. Quand cet étranger a déclaré à main armée qu'il venait recueillir l'héritage de sa famille, sans doute il s'imaginait être Français, et cependant alors (en 1836)

______

(1) Ceci s'écrivait le 16 septembre.

il était depuis quatre ans *citoyen* de Thurgovie : donc , en 1836 , Louis Bonaparte , *citoyen* suisse , compromettait et son titre , et la loyauté d'une nation dont il était membre, en venant allumer le feu de la sédition chez un peuple ami ; ou bien , s'il était resté *Français* , il était d'autant plus coupable qu'il s'armait contre son pays ; ou bien encore , s'il est à la fois Suisse et Français , contradiction qu'il s'efforce d'expliquer à sa manière , il importe qu'un tel *citoyen* , Janus à double visage, aille itérativement porter sa turbulence inquiète au delà des mers. Dans cette circonstance un *alienn-bill* devient la plus douce , la plus juste , la plus humaine des sauvegardes contre les desseins des agitateurs , des factieux de toute espèce.

On ne saurait dire à combien de sophismes, d'arguties , a recours la logique de M. Louis Bonaparte pour légitimer ce qu'il appelle ses droits. Lui qui exalte si haut et à tout propos *son origine populaire* , ne nie-t-il pas grossièrement l'évidence, lorsque, se faisant l'écho de nos plus violents démagogues , il ose appeler le gouvernement de juillet un gouvernement sans parole, sans honneur , *sans générosité* , lui qui dut deux fois la vie à sa clémence ? Sont-ce des institutions *sans force* , des *lois sans liberté* , que celles qui depuis six ans ont réprimé les factions ? et jamais la presse a-t-elle été plus hardie , plus violente que de nos jours ? Les niveleurs de 93 , les directeurs de l'an 5 et de l'an 6, les consuls, l'empereur, les Bourbons de la branche aînée , eussent-ils souffert qu'elle insultât, à ce point d'insolence où elle est arrivée , les mandataires de la nation ? Et n'est-il pas enfin plus *populaire* ce gouvernement auquel vous

vous attaquez, que le neveu d'un homme qui vient au nom du despotisme relever les autels de la liberté? Le plus grand miracle d'une révolution provoquée en 1830 par le plus insigne parjure est d'en avoir comblé l'abyme en un instant. Paris, les provinces, l'armée, donnèrent spontanément leur adhésion au choix d'un prince dont le nom, la popularité, d'avance si largement escomptée, l'éducation libérale, étaient une garantie des droits futurs de l'état. Sans doute, pour que cet événement parût irréprochablement légitime au prétendant, il fallait la sanction du droit divin, et l'huile de la fiole sacrée; mais ces simulacres d'une consécration antique et solennelle ne préservent plus les rois de la foudre.

C'est aujourd'hui une vérité bien vieille que les seuls souverains légitimes sont ceux qui marchent avec leur siècle : ceux-là seuls peuvent se vanter *d'une origine populaire*, et non le neveu de celui qui, prétendant imposer à l'Europe le joug de la conquête, et à la nation qui l'avait élevé sur le pavois un despotisme intolérable, tomba avant le temps pour avoir méconnu cette origine, son plus beau titre à l'admiration du monde. Il est faux encore, à moins de nier la clarté des cieux, que nous jouissions d'une paix *sans prospérité et sans calme*. M. Louis Bonaparte ressemble à cet égard aux Bourbons de la branche aînée, qui rêvaient toujours qu'ils étaient en 87; il se croit, lui, encore en 1832 et 1834. C'est parce que les émeutes n'ont plus de sens, de portée, qu'elles n'ont de ramifications, d'alliance possible en aucun lieu de la France, que l'échauffourée de Strasbourg a été si promptement, si facilement vaincue.

L'opposition, toujours prête à faire chorus avec le

premier trouble-états qui se présente, s'est trouvée très flattée probablement qu'un *prince* dont le nom jure si bien avec les principes libéraux s'annonçât comme un *point de ralliement* pour cette même opposition, et là dessus ce prince s'en va exhumant les plus burlesques griefs, témoin cette vieille question des *forts détachés*,

> Qu'on ne s'attendait guère
> A voir en cette affaire.

Mais, puisque M. Louis Napoléon se sert de ce ridicule épouvantail pour glorifier *les barricades*, il n'est point hors de propos de lui rappeler qu'en cela il insulte à la mémoire de Napoléon, à qui l'idée des *forts détachés* appartient. Quand on est aussi savant en stratégie que l'auteur du *Manuel d'artillerie*, on devrait savoir que soixante lieues à peine séparent Paris d'une de ses frontières; et que cette distance est facile à franchir de la part d'un ennemi quelque peu confiant et audacieux. Ce grave inconvénient n'avait point échappé aux regards de Napoléon : c'est pourquoi il eut le projet de ces forts circonvallaires qui, *reliés* les uns aux autres, offraient, en cas de défaite, un rempart inexpugnable, derrière lequel pouvaient se reformer de nouveaux bataillons. L'opposition fit grand bruit, dans le temps, de cette mesure *défensive* toute patriotique, la seule capable de nous épargner une troisième fois la honte de l'invasion, et que les clameurs, les suppositions les plus absurdes contraignirent d'ajourner indéfiniment.

On voit que M. Louis Bonaparte, bien qu'un rayon du *soleil mourant ait passé du rocher de Sainte-Hélène dans son âme,* ne connaît même pas l'histoire de l'homme extraordinaire dont il revendique la succession. Ce qu'il *proclame* à l'armée n'est ni plus sensé ni plus logique ; il parle de notre honneur militaire qu'on veut ternir, oubliant ainsi les expéditions d'Anvers, d'Alger, d'Ancône et de Constantine. Pour M. Louis Bonaparte ce peuvent être là de minces exploits : on doit se montrer si difficile en fait de gloire quand on a joué un si beau rôle dans les *gigantesques* échauffourées de l'Italie et de Strasbourg !....

M. Louis Bonaparte, qui à chaque endroit de sa brochure se défend d'avoir eu un seul instant le mal de la *peur,* est très prodigue de ce mot envers ses adversaires : c'est toujours la *peur* qui dicte, a dicté et dictera les mesures prises contre lui, contre ses projets, par le gouvernement. En faut-il un indice plus *évident que l'obstination qu'il met à vouloir lui faire quitter la Suisse? La Gazette de France,* devenue napoléoniste depuis qu'il est question du prince Louis, ne tient pas un autre langage (1). Elle va même plus loin : *le gouvernement a prouvé depuis huit ans* qu'il a peur. Cette feuille n'a pas plus de mémoire, et pour cause, que celui dont elle feint d'embrasser le parti. C'est un *belliqueux article* du *Journal des Débats* qui lui a fait faire cette découverte. Mais, selon son usage (à *la Gazette*), elle feint de prendre au sérieux ce que la feuille qu'elle réfute ne présente que

(1) N° du 7 septembre.

comme des suppositions, une chance probable ; c'est une *concession*, cette figure de pensée par laquelle on accorde quelque point à celui que l'on veut combattre, pour en tirer pour soi un plus grand avantage. Donc rien de plus ridicule que *la Gazette* quand, avec sa mauvaise foi ordinaire, elle prête au *Journal des Débats* cette assertion gratuite : « *Un jeune officier d'artillerie, seul, sans alliés, sans soldats, pourrait mettre en péril un pouvoir appuyé sur la volonté nationale, et qui a,* dites-vous, ajoute *la Gazette,* pour lui l'amour des populations et de l'armée ! » C'est précisément en vertu de *l'appui* qu'a *le pouvoir sur la volonté nationale* qu'il est de son devoir d'insister sur l'éloignement de M. Louis Napoléon, comme ayant été déjà une fois pris les armes à la main contre ce même *pouvoir* émané de *la volonté nationale;* il importe à la sécurité, à la tranquillité du royaume, qu'un pareil brandon de discorde ne soit pas jeté de nouveau au milieu du peuple et de l'armée. Et que M. Louis Bonaparte ne vienne pas arguer, comme il le fait, de l'innocuité de son pamphlet : le gouvernement français songeait si peu à lui interdire le retour en Europe, le cas échéant, comme l'événement de la mort de la duchesse de Saint-Leu, qu'on n'exigea de lui aucun serment à cet égard : c'est le prince qui le dit en termes formels dans le *post-scriptum* d'une lettre adressée à un M. M..., datée de la citadelle de Port-Louis, le 19 novembre 1836.

On laissait donc bien tranquille à Arenenberg M. Louis Bonaparte, à qui l'on pouvait supposer le plus vif désir, le dessein bien formel de se faire oublier, quand tout à coup il lance dans le monde politique la brochure Laity, sous le prétexte « qu'on l'avait indignement calomnié, qu'on avait dénaturé des faits, » et qu'alors « il avait permis à un ami de le défendre. Voilà, ajoute-t-il, la seule démarche politique qui, à ma connaissance, ait eu lieu depuis mon retour. » (Voir la lettre du 20 août dernier, adressée d'Arenenberg aux membres du grand conseil de Thurgovie, et insérée dans tous les journaux.) L'auteur de cette lettre a vraiment bonne grâce, après la publication de son pamphlet, d'avancer que le ministère français le poursuit de *ses fausses allégations* quand il prétend (le ministère) que la maison du prince à Arenenberg est *un centre d'intrigues; qu'il y vit presque seul.* Quoi! répondrons-nous, vous en imposez à ce point, quand il résulte de l'acte d'accusation que Laity avait été vous rejoindre à Arenenberg, où il est resté depuis janvier jusqu'en juin 1838, cinq mois entiers; qu'il a composé son pamphlet sous vos yeux; que des corrections, des notes sont de votre main, ainsi que d'autres passages. Vous étiez *seul,* dites-vous, à Arenenberg; et pourtant vous écriviez le 11 juin 1838 à Laity : « *Nous* commencions à être inquiets sur votre compte. » Dans votre lettre du 20 août, citée plus haut, vous dites : « Je suis revenu d'Amérique en Suisse, il y a un an, avec *la ferme intention de rester étranger à toute espèce d'intrigues;* » et cependant, moins d'un an après ce retour, vous écrivez une *Relation historique des événements* de Strasbourg, que votre secrétaire avoue être un *délit évident.* Vous êtes étranger à toute espèce d'intrigues; et l'on trouve dans votre lettre du 11 juin les phrases suivantes : « Je suis très content de ce que vous me dites de C.; dites à B. que, s'il trouve des phrases *mal rédigées* sous le rapport du style, il me fera grand plaisir de les rectifier, mais je ne veux pas que cela entraîne *la moindre modification dans les idées.* (Et nous observerons en passant que le pamphlet en question ne brille pas en effet par le *style :* on peut trouver qu'il est d'un homme qui taille sa plume avec son épée.)

» Dites à A., de ma part, que je ne lui écris pas, parce que *je l'attends tous les jours,* comme il me l'avait promis.

» Je vous assure que *nous éprouvons* bien ici le vide de votre absence, etc.

» J'ai reçu une lettre de madame G... Je lui sais bien bon gré de son attachement, etc.

» *Tout le monde ici* vous fait faire ses compliments. » (Ce tout le monde, apparemment, veut dire que le prince était *presque seul.*)

» Vous trouverez chez M. une lettre pour vous. »

Et vous *n'intriguiez* pas, monseigneur ; et tous ces noms, cette correspondance, ne sont que des preuves en l'air, et vous les « *démentez de la manière la plus formelle :* car votre ferme volonté est de rester tranquille en Thurgovie, et d'éviter tout ce qui pourrait nuire aux relations amicales de la France avec la Suisse. » (Lettre du 20 août.) Et maintenant qu'en dépit de vos propres assertions, vous êtes l'objet d'un litige qui peut dégénérer en une rupture complète, et compromettre ainsi *les relations amicales de la France avec la Suisse,* vous bataillez, vous écrivez, vous faites écrire ; vous invoquez une *naturalisation* chimérique ; vous ne rougissez pas, vous, fauteur et instrument de *deux* révolutions, de réclamer l'intercession d'un souverain absolu qui vous refuse son patronage, et même l'entrevue que vous lui demandez; vous n'êtes pas plus chanceux auprès d'un ministre d'une grande puissance d'Allemagne par l'organe de vos *concitoyens* de l'Helvétie. Et après toutes ces preuves palpables d'*intrigues,* vous ne vous croyez pas encore battu, tant il vous semble beau, glorieux, magnanime, qu'un petit prince à Arenenberg, bourgeois à Oberstrass, *empereur* à Strasbourg, tienne tête à l'une des premières puissances de l'Europe. Mais cette obstination, cette ridicule rodomontade, touchent à leur fin; vous serez un nouvel exemple du sort réservé aux coureurs de trônes, quand ils sont aussi dépourvus de sens et de raison que vous l'êtes, que vous l'avez prouvé par vos faits et gestes.

Et quand nous parlions tout à l'heure de cette entrevue, de ce patronage, demandés à l'autocrate de toutes les Russies, nous oubliions le principal pour l'accessoire, cette offre de prendre du service dans les troupes de ce même empereur, et, par conséquent, selon de probables éventualités, de porter les armes contre les Polonais, voire contre les Français et les Suisses, car les chances de guerre sont dans les mains de Dieu. Dites-nous comment vous conciliez toutes ces contradictions, empereur ici, prince à Arenenberg, bourgeois à Oberstrass, citoyen de Thurgovie, et un beau jour l'ennemi de tous ceux qui vous ont *pardonné,* choyé et naturalisé. Avouez, monseigneur, que si c'est là de la logique, elle est bien jeune, bien étourdie, bien inconséquente, et qu'il vous sied bien de crier, comme vous le faites, à l'injustice, à la calomnie, à l'*indélicatesse*, à la persécution.

De bonne foi, est-ce quand on est renté de 40,000 fr. et d'un beau nom que l'on consent à le traîner dans la fange des émeutes et des séditions, à le prostituer au service de l'étranger, à le ressusciter comme un symbole de liberté, d'affranchissement des peuples, quand les peuples, il n'y a pas encore un quart de siècle, se levaient en masse, au nom de leur affranchissement, contre la servitude, l'insulte et les humiliations que ce nom leur imposait. Et toute cette poésie de souvenirs gigantesques, cette immense épopée de l'empire, est-il donc en votre pouvoir de les évoquer, d'en ranimer la cendre, pour en faire jaillir une seule étincelle d'illustration et de gloire ? Non, tous les héros de cette grande Iliade sont morts ; Achille n'est plus ; par hasard et çà et là quelques Nestor, quelques Philoctète racontent encore les prodiges de cette époque à de jeunes émules curieux d'un passé qui ne peut revenir, qu'on ne peut tenter de raviver que sous le nom d'échauffourées, remplaçant ainsi le beau, le grand, le sublime, par la plus misérable des parodies, la plus plate caricature, l'action se passât-elle *en France ou en Suisse !*

Tout prince que vous êtes resté, et vous allez nous comprendre, les flatteurs ne vous manquent pas, dans un siècle où l'on ne flatte guère les princes. Ah ! c'est que, vaille que vaille, vous représentez un parti aux yeux des éternels ennemis de la France. Ce n'est qu'un rejeton débile, le *caput mortuum* d'une grande renommée ; mais qu'importe aux carlo - républicains l'instrument dont ils se servent, s'ils peuvent le tourner contre un pouvoir qu'ils détestent, pour rétablir, les uns la mo-

narchie expirée à Prague, les autres cette liberté san-
guinaire, cette égalité chimérique, qui ne font que des
envieux et des proscripteurs du talent et de la richesse !
Et ces agitateurs, nous en avons été témoins, tout en
vous tendant la main si vous les aviez entendus disser-
ter sur vos *Rêveries politiques*, cet autre ouvrage qui a
précédé le *Manuel*, surtout sur votre *Projet de constitu-
tion*, oh ! comme vous auriez appris, vous, monseigneur,
si présomptueux, si étourdi, à vous tenir en garde contre ces tartufes politiques, qui ont la croix du lis
dans une poche et le bonnet phrygien dans l'autre. Ce
bizarre amalgame, que vous faites dans votre *Projet*,
des idées républico-saint-simonistes avec celles qui
veulent fonder par le glaive, a justement provoqué
leurs moqueries ; il n'y a pas jusqu'à cet empereur qui ne
leur ait paru merveilleusement inventé, surtout en-
chaîné, comme vous le voulez, au pilori de lois et d'institutions d'une démocratie *pur sang*, et cependant ayant
une *garde impériale*, moins un sénat de *muets*, et un
corps législatif *aveugle* et *boiteux ;* on ne peut tout avoir
en un jour. Les plus simples, à cette lecture, se tenaient
les côtes de rire ; les plus spirituels, les roués de l'OEil-de-
Bœuf, les admirateurs du bon temps des Dubarry et des
Pompadour vous ont incontinent donné le sobriquet de
Lycurgue-poupon : et même il a été question de vous en-
voyer, comme les légitimistes envoyaient des quenouilles
aux récalcitrants de l'émigration de Coblentz, bourre-
let, hochet et pantin moitié blanc, moitié rouge, depuis
l'extrémité inférieure jusqu'à la coiffure inclusivement.
Mais en définitive on a craint que ce présent ne vous
parvînt dans un *moment lucide*, comme en ont les gens

poursuivis d'une idée fixe , et la proposition est restée
là , quitte à la remettre sur le tapis quand vous serez
campé à Montmartre.

Une fois si près de trôner, nous vous recommandons ,
dans le nombre de vos panégyristes les plus dévoués, cet
autre monsieur *qui a publié tous les documents relatifs à
l'insurrection de Strasbourg*, à propos de quoi il compare
la traversée de *l'Andromède* vous portant aux Etats-
Unis, avec la traversée du *Northumberland* portant
Napoléon à son dernier asile. Certes , il n'y avait qu'un
courtisan de cette force qui pût vous prêter, à vous qui ,
nous le parierions , n'y aviez jamais songé , la pensée
de choisir, *pour franchir la frontière de France* (en octobre 1836), précisément *le même mois qui avait vu votre
oncle poser le pied sur la terre de Sainte-Hélène* (en octobre 1815). Il nous semble , à nous, que ce *mois* était
de mauvais augure : un Romain serait rentré chez lui.
Mais si tous les grands hommes étaient superstitieux,
où en seraient les destins des empires ? César eût-il passé
le Rubicon , et M. Louis Bonaparte *franchi la frontière*
de l'Est ! . . . Oh ! non , sans doute.

M. E. R... a pris aussi la tâche de vanter le style de
vos proclamations; il y retrouve le faire *avunculaire*.
Nous le croyons sur parole, d'autant plus que celle qu'il
cite n'est que le *fac simile* d'une des plus remarquables
de Napoléon. Les noms et les dates sont seuls changés.
A quoi bon, en effet, s'alambiquer l'esprit pour faire du
neuf, quand on a du *vieux* sous la main, duquel on peut
dire fièrement : *Ça ne sort pas de la famille !* C'est , du
reste, ce que Napoléon aura dit de vous là haut, en apprenant l'échauffourée de Strasbourg.

Et ce brave monsieur Monnard, du canton de Vaud, n'est-il pas vrai qu'il a la vue longue ? C'est à coup sûr le sorcier du pays, car il a deviné à votre occasion que, *depuis sept ans, il se joue sur le théâtre politique un drame* dont votre affaire, mon prince, est *une scène,* au bout de laquelle : pour *dénoûment,* on donne aux gobe-mouches *l'asservissement de la Suisse aux vues du gouvernement français.* Aussi voyez avec quelle sainte colère *l'association nationale de l'Helvétie* appelle à son aide tous ses adhérents, qu'elle s'imagine être toute la Suisse, à moins qu'elle n'y rencontre ces *enragés* de modérés qu'on trouve partout, depuis qu'on se dit, comme Figaro : « Sommes-nous des soldats qui tuent et se font tuer pour des intérêts qu'ils ignorent ? Je veux savoir, moi, pourquoi » j'irai me battre contre la France. Et quand on leur apprendra que c'est pour savoir si M. Louis Bonaparte est Suisse ou Français, ou tous les deux ensemble, cet argument leur paraîtra si clair, si concluant, qu'ils décrocheront la vieille arbalète de Guillaume Tell, et marcheront fièrement au devant de nos soldats en leur criant probablement : « Rendez les armes ! » Et probablement aussi les nôtres, qui connaissent l'histoire de Sparte, leur répondront, avec leur courtoisie habituelle : « Venez les prendre ! » Vraiment, s'il n'y avait que les radicaux d'Argovie, de Thurgovie et autres de ce calibre, qui s'aventurassent en face des nôtres, l'histoire de France aurait bientôt à enregistrer dans ses annales une *seconde* journée de Marignan.... *nullo labore !* ...

Nous ne partageons pas, comme on le voit, l'opinion des démocrates suisses et français, des légitimistes de

toutes les nuances, des partisans de **M.** Louis Bonaparte,
et de **M.** Louis Bonaparte lui-même, qui tous crient que
la France *a peur* de tout le monde , et particulièrement
des vingt-six cantons. Il faut avoir la bonne foi de *la
Quotidienne*, la logique de *la Gazette de France* , et des
radicaux ses amis, pour prononcer une pareille hérésie.
Est-ce parce que la nouvelle dynastie ne s'est pas jetée
en aveugle dans les voies d'une propagande armée pour
l'affranchissement des états voisins qu'on vient lui
reprocher de manquer de courage? La perfidie avec laquelle on rapproche du nôtre les temps de l'empire et de
la restauration justifierait notre assertion... Oui, c'est là
le grief des frères et amis ; et nous avons dit plus haut
dans quel but ils le formulent à tout propos, à chaque
page de leurs journaux. Heureusement on sait qu'en
France la *peur* n'est qu'une *fiction* du langage : c'est une
monnaie dont peut se payer l'imbécillité de quelques
uns, mais qui n'a cours ni dans les palais ni dans les
chaumières. Nous cherchons en vain un roi qui ait eu
peur depuis les temps les plus reculés de la monarchie,
et nous n'en trouvons pas. Et quand un seul aurait eu
une fois ce singulier vouloir, l'aurait-il pu ? Tant vaut
l'état, tant vaut le chef. Ceux qui parlent de Napoléon ,
qui l'exaltent à tout moment , devraient bien se remettre
devant les yeux ce que nous ont valu sa gloire et ses conquêtes. Si nous ne cherchons point la renommée à ce prix,
nous ne voyons pas que l'Europe se trouve si mal de res-
pirer à l'aise à l'ombre de notre système. Mais, héritiers
des traditions napoléoniennes, façonnés à cette manière
de *couper* avec le glaive la parole à nos voisins, quels
qu'ils fussent , à les tenir en respect à grands renforts

d'hommes s'ils s'avisaient de trouver mauvais qu'on fût maître chez eux, il nous paraît ridicule, absurde, de mauvais goût, de suivre une autre méthode. Vaincus, malgré de prodigieux efforts, nous avons gardé la rancune d'une revanche bien tardive, nous semble-t-il, mais que nous ne désespérons pas de ressaisir, sans tenir compte de la différence des époques, du calme, du repos qui naissent forcément à la suite de secousses où le sol a tremblé jusqu'en ses fondements. Et n'allez pas appeler prudence, sagesse, équité, ce respect pour les intérêts d'autrui, cette prévoyance, cette attention, ces soins à ménager en même temps ceux de la France, à éviter des collisions sans but, sans autre résultat que de faire couler à plaisir le sang des hommes : on vous accusera hautement d'être à la remorque de l'étranger, de céder à ses exigences, à ses caprices, et, bien plus, à ses ordres, à ses menaces; enfin toute l'artillerie de la *bonne* presse fera explosion pour apprendre au monde surpris qui vous sait à Alger, à Constantine, à Ancône, au Mexique même, que le gouvernement *a peur*. Vous lisez, ou plutôt vous avez lu la dépêche de M. Molé au duc de Montébello, conçue en termes très nets, très explicites du grief dont la France se plaint à juste titre : si vous n'en concluez pas que *la peur* l'ait dictée, bien au contraire, vous êtes une dupe, un ami des ministres, un courtisan de la faveur; car ceux qui vous jettent ces épithètes à la face n'ont été ni les flatteurs de Napoléon, ni ceux de Louis XVIII, ni ceux de Charles X. Lisez leurs journaux : ils ne *flattent* non plus les tristes restes de ces derniers noms. Les écus républicains et les écus légitimistes n'ont pas la même odeur pour les me-

neurs en *partie double*, qui se souviennent du mot de
Vespasien. Non certes, interrogez plutôt les indiscrets
des deux partis : ils vous diront qu'on se moque et l'on
se moquera toujours de ceux qui paient, et que les mau-
vaises causes sont, comme certaines femmes, fort chères
à *entretenir*.

Que si demain *la Quotidienne* et *la Gazette de France*
jouent l'ébahissement à propos du reproche de vénalité
ici consigné, n'allez pas en conclure que nous les calom-
nions : qu'ils vous montrent la liste *exacte* de leurs abon-
nés, et vous nous direz alors de quel côté est la calomnie.
Mais ils se garderaient bien de permettre cette recher-
che à des yeux exercés : ce serait donner le tarif de leur
conscience et de cette loyauté dont ils font parade avec
une si hypocrite humilité.

Pour en revenir à la dépêche de M. Molé relative-
ment au séjour du prince Louis en Suisse, il est à
remarquer que les événements prennent tous les jours
le soin d'en justifier la teneur. Déjà les *ultra* de tous les
partis, sur le bruit de la résistance d'un des leurs à l'expulsion demandée par la France, et de la protection
qu'il trouve dans *sa nouvelle patrie*, se rendent en Suisse,
dont ils espèrent gagner pareillement la bienveillance
au moyen de l'obtention du droit de bourgeoisie. Ce
sont des ergoteurs d'assez bon sens ; ils jugent de leur
position par analogie avec celle du prince : si l'on
souffre en Suisse M. Louis Bonaparte, pourquoi les
autres réfugiés en seraient-ils bannis ? Pourtant il se
pourrait que cette prétention des agitateurs hâtât les
déterminations déjà prévues de la majorité des cantons.
En attendant leur dernier mot, la France dirige des trou-

pès à Lyon , à Besançon , à Béfort : c'est encore là peut-être un effet de la *peur*, que sait-on ?

Que M. Louis Bonaparte , en présence de ces préparatifs d'attaque et de défense dans les deux camps opposés, cesse donc d'invoquer le droit des gens , et bien plus , ce droit si dérisoire de *citoyen* de la Suisse, qu'il avait si lestement abdiqué lorsqu'il venait à Strasbourg se faire appeler Napoléon III. Faut-il, pour la centième fois, lui répéter que la brochure Laity , après son échauffourée, était un défi insolent jeté à la France et à sa dynastie, après l'acte de clémence dont il avait été l'objet ? L'ingratitude fut-elle jamais plus flagrante ! Qu'il regarde et compare. Un sien cousin , un fils d'un de ses oncles , le prince Pierre Napoléon est en ce moment à Bruxelles, où chacun l'accueille, honore en sa personne un grand, un illustre nom, et les qualités , les talents de l'homme privé. La France a-t-elle pris de l'ombrage de ces témoignages d'estime et d'affection ? S'est-elle crue en péril parce qu'un Napoléon était à quelques pas de sa frontière du nord ? Non. La France ne s'émeut que contre les fauteurs de troubles et de complots , et encore attend-elle qu'il y ait eu de leur part *commencement d'exécution.* C'est-à-dire qu'entre le fils de Louis et le digne fils de Lucien il y a toute la différence du factieux qui se repaît follement d'une chimère et du prince qui respecte des droits acquis sous l'invocation des libertés d'un grand peuple, se soumettant avec calme, avec cette noble résignation des grands cœurs, aux inflexibles arrêts de la Providence. Convenons-en, il est devenu bien ridicule , bien absurde , ce *droit* imaginaire qu'exhume depuis 8 ans *la Gazette de France* à propos du fantôme de roi dont elle enregistre toutes les semaines la biographie. Le *droit*, s'écriait-elle dernièrement à l'occasion d'une *lettre* en façon d'homélie adressée à la jeunesse des écoles, le *droit est la base de tout*. Oui, mais lorsqu'il résulte d'un pacte, d'un contrat synallagmatique, il ne faut pas le déchirer de ses propres mains, en jeter avec arrogance les morceaux au visage de ceux qui en observaient fidèlement les clauses, bien qu'*octroyées* : autrement le *droit* ainsi remis en question redevient très justement, très loyalement, celui du plus fort. C'est en effet la force, la volonté de tous, la volonté *nationale*, qui confère le *droit*, et non les décisions du *bon plaisir*. Le droit *divin* même devient un odieux sacrilége quand on l'invoque après en avoir méconnu les conditions, car Dieu maudit et abandonne les parjures. Nous savons bien que *la Gazette* ne prêche le *droit* à des écoliers que pour saisir l'occasion de calomnier et de glorifier à la fois le passé, le présent et l'avenir : de semblables contradictions n'ont rien de surprenant pour ceux qui l'ont vue prôner les *bienfaits* du régime de la restauration, tels que le système Villèle, et en dernier lieu les ordonnances, et plus tard la réforme électorale, le vote universel, en un mot toutes les utopies démagogiques, ce qui ne l'empêche pas de vanter tous les jours la constance, la fixité de ses opinions, et surtout la sûreté de son coup d'œil, qui l'a fait, comme on sait, surnommer la pythonisse de la légitimité !

Nous croyons avoir à peu près réfuté tous les sophismes, toutes les imaginations décevantes, les folles billevesées dont se nourrit un jeune ambitieux, pour renverser, changer l'ordre de choses en Europe. Ce n'est pas quand la tranquillité règne, que les lois exercent leur action, leur influence salutaire sur les mœurs, que d'incessantes escarmouches éclairent la marche du pouvoir, le contiennent dans les limites de-ses attributions, bien qu'il ne songe point à les dépasser, que l'industrie enfin poursuit, achève ses glorieuses conquêtes, ce n'est point alors qu'on peut tenter de remettre sur *sa base* le colosse d'une puissance qui a pesé de tout son poids sur l'Europe, parvenue enfin, dans sa colère, son indignation toute nationale, à le briser à jamais. Il faut laisser aux mensonges de la fable le privilége inouï accordé à quelques demi-dieux d'avoir touché *deux* fois au rivage des morts : trop d'intérêts, de soins, trop de combinaisons nouvelles, soudaines, ou n'attendant pour éclore qu'une prudente maturité, se partagent les esprits, ou tendent à les rapprocher, pour espérer de refaire le monde à l'aide du prestige d'un nom descendu tout entier dans la tombe avec celui qui l'a porté. Sans doute ce monde livré depuis cinquante ans aux plus épouvantables désordres, à l'*anarchie* des opinions, des projets et des volontés de tous ceux qui aspiraient à le réformer, à le constituer sur des fondements inébranlables, demande la garantie de sa stabilité, de ses destinées futures, à des institutions, à des lois sages, conservatrices, qui s'harmonisent avec les besoins, les droits de tous et de chacun ; et cette ère de bonheur et de civilisation, nul doute que le gouvernement représentatif ne soit appelé à la réaliser, à la consolider un jour. Mais cette œuvre de promission n'a pas encore l'assentiment universel ; le despotisme, témoin de ses miracles, s'il a dépouillé quelques unes de ses allures violentes, a peut-être par ce seul fait retardé le triomphe du régime constitutionnel chez les nations soumises encore à la volonté d'un seul. Il n'y a donc qu'une sage lenteur qui puisse conduire au but immortel qu'on se propose. Ce n'est pas en essayant de *greffer* une renommée inconnue, mesquine, sur une gloire immense, sous le prétexte de la plus niaise des régénérations politiques, que la lice s'ouvrira grande, vaste et retentissante des mille voix des peuples appelés à la parcourir. La France ne veut pas plus des Bourbons *aînés* que des *cadets* de famille du nom de Napoléon; l'indifférence et l'oubli les ont déjà frappés comme ils ont tué avant eux les Stuarts, comme ils frapperont tous ceux qui, de même que le prince Louis, voudront atteindre à la taille du géant enseveli à Sainte-Hélène!

Cet oracle est plus sûr que celui de Calchas!

R.

FIN.